BEI GRIN MACHT SICH IHR WISSEN BEZAHLT

Gisa Becker

Transfer im Rahmen der Europäischen Interkomprehension

Examicus Verlag

Bibliografische Information der Deutschen Nationalbibliothek:

Bibliografische Information der Deutschen Nationalbibliothek: Die Deutsche
Bibliothek verzeichnet diese Publikation in der Deutschen Nationalbibliografie;
detaillierte bibliografische Daten sind im Internet über http://dnb.d-nb.de/ abrufbar.

Copyright © 2006 GRIN Verlag GmbH
Druck und Bindung: Books on Demand GmbH, Norderstedt Germany
ISBN: 978-3-656-99227-1

http://www.examicus.de/e-book/186738/transfer-im-rahmen-der-europaeischen-
interkomprehension

Examicus - Verlag für akademische Texte

Der Examicus Verlag mit Sitz in München hat sich auf die Veröffentlichung akademischer Texte spezialisiert.

Die Verlagswebseite www.examicus.de ist für Studenten, Hochschullehrer und andere Akademiker die ideale Plattform, ihre Fachtexte, Studienarbeiten, Abschlussarbeiten oder Dissertationen einem breiten Publikum zu präsentieren.

Analyse des Leseverstehens romanischer Sprachen

Sommersemester 2006

Hausarbeit zum Thema:

Transfer im Rahmen der Europäischen Interkomprehension

Autorin: Gisa Becker

Mühlheim, 09. September 2006

Inhaltsverzeichnis

Abkürzungsverzeichnis 2

1   Einleitung 3

2   Interkomprehension 5

    2.1   Lerntheoretische Grundlagen zum Mehrsprachenerwerb 5

    2.2   Transfer 6

    2.3   Verarbeitungsprozess beim Lesen in nahverwandten Sprachen 8

    2.4   Textauswahl und Schwierigkeitsgrad 13

3   EuroComRom: Die sieben Siebe 14

    3.1   Erstes Sieb: Internationaler Wortschatz (IW) 17

    3.2   Zweites Sieb: Panromanischer Wortschatz (PW) 17

    3.3   Drittes Sieb: Lautentsprechungen (LE) 18

    3.4   Viertes Sieb: Graphien und Aussprache (GA) 19

    3.5   Fünftes Sieb: Panromanische syntaktische Strukturen (PS) 20

    3.6   Sechstes Sieb: Morphosyntaktische Elemente (ME) 21

    3.7   Siebtes Sieb: Prä- und Suffixe (FX) 22

    3.8   Ergebnisse von Untersuchungen zu EuroCom 22

4   Praktisches Beispiel zum Transfer 24

    4.1   Spanischer Text: Nado con Delfines 25

    4.2   Fragen zum Textverständnis 27

    4.3   Fragen zur Hypothesengrammatik inklusive Lösungen 27

    4.4   Erkenntnisse aus der Transferübung 28

5   Zusammenfassung 31

Literaturverzeichnis 34

Abkürzungsverzeichnis

ADJ	Adjektiv
bzw.	beziehungsweise
d.h.	das heißt
engl.	englisch
FX	Prä- und Suffixe
GA	Graphien und Aussprache
it.	italienisch
IW	Internationaler Wortschatz
K	Kernsatztyp
LE	Lautentsprechung
ME	Morphosyntaktische Elemente
NP	Nominalphrase (Subjekt/Objekt)
NP (Akk)	Nominalphrase im Akkusativ
NP (Dat)	Nominalphrase im Dativ
NP (Nom)	Nominalphrase im Nominativ
Plur.	Plural
PP	Präpositionalphrase
PS	Panromanische syntaktische Strukturen
PW	Panromanischer Wortschatz (inkl. Englisch)
Sing.	Singular
sp.	spanisch
V	Verb

1 Einleitung

Innerhalb Europas wie auch international steigt die Vernetzung und es herrscht daher ein sehr großer Austausch, der durch die neuen Medien zusätzlich gefördert wird. Da bisher sehr viele Europäer ihre Muttersprache (und Englisch), jedoch nur selten weitere europäische Sprachen beherrschen, wird dieser Austausch stark behindert. Vor allem in den größeren Unionsländern ist der Anteil der Einsprachigen sehr hoch.[1]

Ein möglicher Weg den Austausch zu verbessern wäre, sich auf eine einzige Sprache zum länderübergreifenden Austausch innerhalb Europas zu einigen, was entweder zur Folge hätte, dass diejenigen, deren Muttersprache es wäre, im Vorteil wären (z.B. Franzosen oder Briten) oder dass es sich um eine Kunstsprache wie Esperanto handeln würde, die für keinen der Beteiligten Muttersprache wäre. Bisher konnte sich jedoch keine Sprache in dieser Form durchsetzen. „L'histoire montre qu'aucune langue n'a jamais pu s'installer définitivement avec le statut de langue internationale ou universelle."[2] Eine solche „Einheitssprache" würde immer dazu führen, dass sehr viele Menschen in Alltagssituationen sprachlich nicht mehr autonom auftreten könnten. Zudem käme es zu einer eher oberflächlichen Kommunikation.[3] Eine solche Einheitssprache würde nicht dazu beitragen, dass die sprachliche und kulturelle Vielfalt auch in einem vereinigten Europa erhalten bliebe. Gerade dies stellt jedoch ein Ziel der Sprachpolitik der Europäischen Gemeinschaft und des Europarates dar.[4]

Ein alternativer Weg zu einer gemeinsamen Kommunikation innerhalb Europas ist die Förderung der Mehrsprachigkeit. Der Aufwand, der zum Spracherwerb mehrerer europäischer Sprachen im bisherigen Verständnis (near native speaker-Niveau) nötig wäre, ist jedoch zu groß, um zu weit verbreiteter Mehrsprachigkeit führen zu können. Die herkömmlichen Sprachlehrmethoden gehen davon aus, dass jede neue Sprache so gelernt werden müsste, als sei sie die erste Sprache, die ein Lerner erwirbt, so dass Vorwissen völlig ignoriert wird.[5] Die Vermischung zweier ähnlicher Sprachen gilt zudem auch heute noch häufig als besonders schwerer Fehler im Rahmen des Fremdsprachenunterrichts. Auf diesem Weg wird keine Mehrsprachigkeit zu erreichen

---

[1] Vgl. Klein, 2002, S. 46
[2] Castagne, 2004, S. 95
[3] Vgl. Castagne, 2004, S. 95; Bär, 2004, S. 15
[4] Vgl. Reissner, 2004, S. 135
[5] Vgl. Bär, 2004, S. 72

sein.[6] Aus diesem Grund wurde der „Gemeinsame europäische Referenzrahmen" entwickelt, der die Sprachkompetenzen diversifiziert betrachtet (Lesen, Hören, Sprechen, Schreiben). Die Sprachkompetenzen werden dabei in verschiedene verbal umschriebene Niveaustufen eingeteilt, so dass eine europaweit einheitliche Darstellung der Sprachkompetenzen entsteht. Der „Gemeinsame Europäische Referenzrahmen" trägt dazu bei, dass der Lese- und Hörkompetenz ein positiver Wert zugewiesen wird, auch wenn keine Sprech- und Schreibkompetenz vorliegt.[7]

Mittlerweile gibt es verschiedene Ansätze, die sich an den Zielen der Europäischen Kommission in Bezug auf Mehrsprachigkeit orientieren. Die Methode EuroCom[8] ist eine Möglichkeit, mit relativ geringem Aufwand eine gute Lesekompetenz in verschiedenen europäischen Sprachen zu erwerben und gegebenenfalls weitere Sprachkompetenzen darauf aufbauend zu erwerben. Das Lesen und somit die Lesekompetenz wird in unserer Gesellschaft immer bedeutsamer, da die Anzahl an schriftlichem Material wächst. Zudem gilt, dass Menschen für gewöhnlich wesentlich „mehr hören als sprechen, lesen als schreiben"[9] und dass immer mehr Entscheidungsprozesse auf schriftlichen Unterlagen basieren.[10] Mehrsprachige rezeptive Kompetenz gewinnt unter anderem an Bedeutung, da der Anteil des Englischen auf Internetseiten prozentual deutlich im Sinken ist, während der Anteil der restlichen Sprachen ansteigt.[11] Eine weit verbreitete rezeptive Mehrsprachigkeit innerhalb Europas könnte dazu führen, dass sich zwei Europäer unterhalten könnten, wobei jeder seine Muttersprache sprechen würde und die Muttersprache des anderen verstehen könnte.[12]

Kapitel 2 dieser Arbeit befasst sich mit Interkomprehension. Zunächst wird auf die lerntheoretischen Grundlagen zum Mehrsprachenerwerb eingegangen. Dabei werden sowohl der Informationsverarbeitungsprozess allgemein als auch die Verarbeitung von Sprache und deren Speicherung behandelt. Anschließend wird auf den Transfer (-prozess) und den Verarbeitungsprozess beim Lesen in nahverwandten[13], jedoch nicht

---

[6] Klein, 2004, S. 17 f
[7] Vgl. Bär, 2004, S. 83
[8] „EuroCom steht dabei als Kürzel für Eurocomprehension, ein Akronym für Europäische Interkomprehension in den drei großen Sprachgruppen Europas, der romanischen, slawischen und germanischen." Klein, 2002, S. 46
[9] Bär, 2004, S. 147
[10] Vgl. Klein, 1999b, S. 1555
[11] Klein, Horst G., 2004, S. 19 f
[12] Vgl. Castagne, 2004, S. 96
[13] Unter „nahverwandten Sprachen" sind hier Sprachen zu verstehen, die nahverwandt mit einer gut beherrschten Sprache des Lerners sind und nie explizit erlernt wurden.

erlernten Sprachen eingegangen. Es werden verschiedene Verarbeitungsebenen beim Lesen vorgestellt, die auch bei der Interkomprehension eine wichtige Rolle einnehmen. Danach wird dargestellt, was bei der Textauswahl zur Interkomprehension zu beachten ist. In Kapitel 3 wird die interkomprehensive Methode EuroCom vorgestellt. Das 4. Kapitel umfasst ein praktisches Beispiel zur EuroCom-Methode und die daraus gewonnenen Erkenntnisse. Kapitel 5 beinhaltet die Schlussbetrachtung, welche die Arbeit und die dabei gesammelten Erkenntnisse zusammenfasst.

2 Interkomprehension

Unter Interkomprehension ist das „Verstehen bzw. die Dekodationsfähigkeit von nicht erlernten, aber gleichwohl den Individuen mehr oder weniger transparenten Sprachen"[14] zu verstehen. Im Mittelpunkt stehen dabei vor allem die Verarbeitung von Sprachdaten und primärem Sinn, weniger die Sinndeutung. Die Interkomprehensibilität innerhalb einer Sprachgruppe hängt stark davon ab, wie ähnlich sich die Sprachen sind, wie gut die Konvergenz erkennbar ist und welche Möglichkeiten (individuell) zur Verfügung stehen, um Divergentes möglichst wieder auf Konvergentes zurückzuführen.[15]

2.1 Lerntheoretische Grundlagen zum Mehrsprachenerwerb

Der Ausgangspunkt für Mehrsprachigkeit ist, dass neben der Muttersprache (und meist Englisch) noch eine zusätzliche Sprache erworben wurde, die als Brückensprache für eine ganze Sprachgruppe dienen kann. Mehrsprachigkeit wird erworben, indem ausgehend von dieser Brückensprache eine oder mehrere weitere naherwandte Sprachen erlernt werden. Dabei wird bereits bei der Wahrnehmung neuer Sprachelemente selektiert, welche Informationen von einem Menschen überhaupt wahrgenommen und welche anschließend weiterverarbeitet werden. Das Relevanzfilter ist für die Selektion verantwortlich. Individuell sinnhaltige Einheiten, die beispielsweise aus dem weiter unten beschriebenen didaktischen Speicher stammen können, sensibilisieren das Filter dafür, welche Informationen sinnvoller Weise verarbeitet werden und welche ausgefiltert werden sollten. Je mehr solcher Einheiten zur Verfügung stehen, umso zielführender kann das Filter reagieren und umso größer ist die Verarbeitungsbreite. Die Verarbeitung der Informationen im Kurzzeitgedächtnis kann entweder bewusst (meist

---

[14] Meißner, 2004, S. 42
[15] Vgl. Klein, 1999a, S. 18

inhaltlich) oder automatisch (z.B. formbezogene Informationen bei geübten Lesern) erfolgen. Zur automatischen Verarbeitung existieren verschiedene Modelle. Im Folgenden wird das konnektionistische Modell vorausgesetzt. Dieses Modell geht davon aus, dass viele miteinander verbundene Knoten/Einheiten existieren, die parallel funktionieren, d.h. dass mehrere Prozesse im Gehirn gleichzeitig ablaufen können. Diese parallel verlaufenden Prozesse können sich entweder gegenseitig unterstützen (Aktivierungsverbreitung) oder hemmen.[16] Zur Speicherung von Sprachwissen werden somit mentale, linguale Netzwerke (miteinander verbundenen Knoten) ausgebildet, die sowohl innerhalb einer Sprache als auch zwischen mehreren erlernten Sprachen bestehen.[17] Die Verarbeitung neuer Informationen erfolgt dabei durch mehrfache Interaktion der neuen Information mit dem bereits vorhandenen Wissen. Das vorhandene Wissen wird durch neue Formierungen ergänzt, wobei die alten Strukturen zugleich erhalten bleiben. Dadurch kann man sich daran erinnern, was man vor einem Lernprozess wusste und andererseits auch daran, wie der neue Wissenstand ist. Dies bildet den Ausgangspunkt für Sprach- und Lernbewusstheit. Je langfristiger und stärker Sprachen aktiviert werden, umso dichter wird die Vernetzung im Gehirn.[18]

Die Frage, ob Sprachen getrennt voneinander oder gemeinsam gespeichert und wo sie genau repräsentiert werden, ist noch ungeklärt.[19] Jedes Nachdenken über Wörter aktiviert entsprechende Marker im Gehirn und vergrößert dadurch die Verarbeitungsbreite und –tiefe. Dabei ist zu beachten, dass beim Nachdenken über die Gestalt von Lexemen wesentliche breitere Hirnareale aktiviert werden, als allein durch das Hören, Sprechen, Lesen oder Schreiben allein.[20]

2.2 Transfer

Eine wichtige Rolle für die Interkomprehension spielt der Transfer. „Unter Transfer versteht man die Übertragung von in einer Situation Gelerntem auf eine andere."[21] Hierbei kann positiver und negativer Transfer unterschieden werden, wobei sich beim positiven Transfer das vorangegangene Lernen positiv auf das spätere Lernen auswirkt und es beim negativen Transfer zu einer Verzögerung oder Erschwernis des späteren

---

[16] Vgl. Lutjeharms, 2004, S. 67 f
[17] Vgl. Meißner, 2004, S. 39
[18] Vgl. Meißner, 1999, S. 73
[19] Vgl. Müller-Lancé, 2002, S. 134
[20] Vgl. Meißner, 1999, S. 72
[21] Doyé, 2001, S. 48 f

Lernens kommt. Auch beim Sprachenlernen kann es sowohl zu positivem (z.b. bereits vorhandenes allgemeines grammatikalisches Grundgerüst) als auch zu negativem Transfer (z.B. „faux amis") kommen, wobei jedoch bei nahverwandten Sprachen der positive Transfer deutlich überwiegt.[22]

Beim Transferprozess spiele Transferbasen, Transfervektoren und Transferdomänen eine Rolle. Es existieren verschiedene potentielle Transferbasen, d.h. materielle Elemente des Transfers, wie Wörter, deren Art und Anzahl neben extralingualen Faktoren den Erschließungserfolg beeinflusst. Die Basen lassen sich unterteilen in Transferbasen aus der Muttersprache und zwischen nahverwandten Sprachen, wobei die typologische Ähnlichkeit darüber entscheidet, wie häufig ein interlingualer Transfer zwischen zwei Sprachen stattfindet.[23] Beim Transfer können zudem verschiedene Transfervektoren/-richtungen unterschieden werden. Hierzu zählt Transfer innerhalb des Zielsprachensystems, innerhalb des ausgangssprachlichen Systems, zwischen beiden Sprachen und Transfer von Lernerfahrungen mit und zwischen den Sprachen.[24] Zudem lassen sich verschiedene Transferdomänen unterscheiden. Dabei handelt es sich um die Unterscheidung in:

- Formtransfer, d.h. phonologische, graphemische und phonetische Regularitäten und Divergenzen innerhalb und zwischen den Sprachen (u.a. Lautentsprechungen bei EuroCom),

- semantischen Transfer, d.h. das Erkennen von Kernbedeutungen und Polysemie (z.B. gemeinsame Kernbedeutung von Genie und Ingenieur),

- Funktionstransfer, d.h. das Aufbauen grammatischer Regularitäten (z.B. Zusammenhang zwischen fr. subjontif, sp. subjunctivo und it. congiuntivo),

- pragmatischen Transfer, d.h. die Sensibilisierung für kommunikative Konventionen und interkulturelle Pragmatik und

- didaktischen Transfer, d.h. das Sensibilisieren für didaktisches Monitoring (Bewusstmachen von Lernvorgängen, Thematisieren von Sprachenlernen bzw. Auseinandersetzen des Lerners mit dem Lernprozess selbst, um auf metakognitiver Ebene den Transfer zu fördern).[25]

---

[22] Vgl. Doyé, 2001, S. 49
[23] Vgl. Meißner, 2004, S. 44 f
[24] Vgl. Meißner, 2004, S. 45 f
[25] Vgl. Meißner, 2004, S. 46 f

2.3 Verarbeitungsprozess beim Lesen in nahverwandten Sprachen

Aus verschiedenen Gründen bietet es sich an, beim Erwerb einer nahverwandten, neuen Sprache mit dem Aufbau von Lesekompetenz zu beginnen. Zum einen dokumentiert die Schriftsprache meist einen älteren Sprachzustand (bei romanischen Sprachen näher am Vulgärlatein), so dass größere Gemeinsamkeiten zwischen den Schriftsprachen bestehen als zwischen den gesprochenen Sprachen. Zudem kann der Leser frei bestimmen, wie lange er sich mit einzelnen Worten und Sätzen befasst, was bei gesprochener Sprache nicht der Fall ist.[26] Da die nahverwandten Sprachen zuvor nicht erlernt wurden, kann nicht von guter Sprachbeherrschung ausgegangen werden. Folglich kann auch nicht geschlossen werden, dass die Verarbeitung auf formaler Ebene beim Lesen automatisch erfolgen würde, so dass entweder die Formebene bewusst verarbeitet werden muss oder der Leser auf Rate- und/oder Vermeidungsstrategien zurückgreifen wird, um den Text zu verstehen. Bei der EuroCom-Methode liegt der Schwerpunkt beim Lesen in einer nahverwandten Sprache auf dem dadurch erwerbbaren Nutzen für den Spracherwerb. Daher sollte das Textverständnis vorwiegend durch die Verarbeitung der formalen Ebene erreicht werden.[27]

Es existieren verschiedene Modelle zum Verarbeitungsvorgang beim Lesen. Die Kognitionspsychologie sieht den Leseprozess als eine Art von Informationsverarbeitung. Die EuroCom-Methode stützt sich ebenfalls auf dieses Modell und geht davon aus, dass man beim Erwerb von Lesekompetenz in einer nahverwandten Sprache an bereits vorhandene Informationen im Langzeitgedächtnis anknüpfen kann.[28] Zudem können datengetriebene, aufsteigende (bottom-up, d.h. von einer unteren Ebene aufsteigend, vom Beispiel zur Regel) und erwartungsgeleitete, absteigende (top-down, d.h. von höheren Ebenen absteigend, von den Regeln zum Text) Modelle zum Lesevorgang unterschieden werden, wobei heute von einer Interaktion beider Prozesstypen ausgegangen wird (interaktives Modell).[29] Das Gießener Interkomprehensionsmodell beschreibt die Verarbeitungsvorgänge beim Lesen in nahverwandten Sprachen wie folgt: Zunächst entsteht beim Lesen in einer unbekannten,

---

[26] Vgl. Klein, 2004, S. 25; Meißner, 2002, S. 136
[27] Vgl. Lutjeharms, 2004, S. 69
[28] Vgl. Lutjeharms, 2004, S. 78; Meißner, 1999, S. 68
[29] Vgl. Lutjeharms, 2004, S. 68 f

nahverwandten Sprache die Spontangrammatik[30] beim ersten Dekodierungsvorgang. Sie umfasst Hypothesen über den gesamten Sprachbau. Der Lerner entwickelt aus bekannten und neuen Informationen Hypothesen über das Funktionieren der neu zu lernenden Sprache und über das Verhältnis zwischen den bekannten und der neuen Sprache. Die Hypothesengrammatik wird ständig angepasst und ist somit jeweils nur von kurzer Dauer. Die spontangrammatischen Informationen gelangen daher nicht in das Langzeitgedächtnis.[31] Der Lerner erkennt zunächst innerhalb der Zielsprache, wie sie funktionieren könnte, bezieht diese Informationen dann interlingual auf die vorhandenen Sprachkenntnisse, um danach wiederum intralinguale Schlüsse innerhalb der Zielsprache zu ziehen.[32] Das durch die Spontangrammatik konstruierte Wissen kann langfristig gespeichert werden, sofern es sinnvoll erscheint. Ist dies der Fall, so werden die Informationen Bestandteil des Mehrsprachenspeichers im Langzeitgedächtnis, d.h. Wörter werden beispielsweise Bestandteil des mentalen Lexikons und es entstehen Verbindungen zu Wörtern mit ähnlicher Graphie oder Bedeutung. Einiges spricht dafür, dass der Mehrsprachenspeicher die materielle Grundlage der Sprachlernkompetenz darstellt.[33] Der didaktische Speicher hingegen dient der Lernsteuerung und speichert Lernerfahrungen. Er erhöht die Menge der durch Sinneswahrnehmung der mentalen Verarbeitung zugeführten Sprachen- und Lerndaten, d.h. er erhöht die Verarbeitungsbreite und -tiefe und dadurch die Speicherung der relevanten Informationen. Dies trägt wiederum dazu bei, dass interlingualer Transfer immer automatischer stattfinden kann.[34]

Lutjeharms (2004) teilt die Verarbeitungsebenen beim Lesen wie folgt ein, wobei sie jedoch betont, dass die Ebenen auch anders eingeteilt werden könnten und dass vermutlich mehrere Ebenen parallel arbeiten:

1) Graphophonische Ebene

Beim Lesen entstehen schnelle, ruckartige Augenbewegungen zwischen sogenannten Fixationspunkten. Von einem Fixationspunkt aus wird mit Hilfe der Umgebung der nächste Punkt bestimmt. Beim Lesen in nahverwandten Sprachen sind mehr Fixationspunkte erforderlich als beim geübten Lesen in erlernten Sprachen. Zudem wird

---

[30] Die Spontangrammatik entspricht der Interlinearübersetzung. Vgl. Meißner, 1998, S. 47
[31] Vgl. Meißner, 2004, S. 43
[32] Vgl. Reissner, 2004, S. 150
[33] Vgl. Meißner, 2004, S. 43 f
[34] Vgl. Meißner, 2004, S. 44

der Leser häufiger zu Wörtern zurückkehren und es kann sein, dass die Fixationspunkte weniger sinnvoll ausgewählt werden. Allgemein werden Wörter viel schneller als einzelne Buchstaben gelesen und häufig verarbeitete Wörter werden besonders schnell erfasst. Bei der Worterkennung ist der Wortanfang von besonderer Bedeutung, so dass beispielsweise bekannte Präfixe (vgl. EuroCom Sieb 7) ein besonderes Gewicht beim Lesen erhalten. Im mentalen Lexikon dürfte die Morphemebene eines von mehreren Organisationsprinzipien darstellen. Die Kenntnis der Graphie und Aussprache (EuroCom Sieb 4) spielt beim Lesen im Sinne der Informationsverarbeitung eine Rolle, da das Umsetzen des Textes in Laute (das Aussprechen der Worte) dazu führen kann, dass die Informationen länger im Kurzzeitgedächtnis erhalten bleiben und somit besser verarbeitet werden. Unter Umständen könnte es auch zur Worterkennung beitragen, was noch nicht nachgewiesen wurde.[35]

2) Worterkennung mit lexikalischem Zugriff und im Kontext

Es ist zu unterscheiden, ob ein Text auf rein lexikalischer Ebene oder auch auf Bedeutungsebene verarbeitet wird. Dabei ist anzunehmen, dass im mentalen Lexikon Wörter und ihre Bedeutungen direkt miteinander verbunden sind und zur Worterkennung beitragen.[36] Das TOT (Tip of the tongue)-Phänomen, d.h. dass einem „ein Wort auf der Zunge liegt", was bedeutet dass man das Wort selbst gerade nicht zur Verfügung hat, dessen Eigenschaften und Bedeutung jedoch beschreiben kann, spricht dafür, dass Worte und ihnen untergeordnete inhaltliche und formale Merkmale (Marker) getrennt voneinander und doch vernetzt abgespeichert werden.[37] Worte werden somit im Gehirn durch komplexe Netze repräsentiert, die Wortschatz und Grammatik jeweils mit sich, untereinander und mit dem sonstigen Weltwissen verknüpfen.[38] Ob einzelne sprachliche Elemente schnell miteinander in Verbindung gebracht werden, hängt von der Qualität der neuronalen Verbindung ab. Je häufiger eine solche Verbindung genutzt wird, umso besser wird sie.[39]

Lexikalischer Zugriff ist nur möglich, wenn im mentalen Lexikon das entsprechende Wort bzw. Morphem gespeichert ist. Wörter, die zwar schon verarbeitet, aber noch nicht ins mentale Lexikon aufgenommen wurden, werden vermutlich im episodischen

---

[35] Vgl. Lutjeharms, 2004, S. 69 ff
[36] Vgl. Lutjeharms, 2004, S. 71
[37] Vgl. Meißner, 1998, S. 54
[38] Vgl. Meißner, 1998, S. 50
[39] Vgl. Müller-Lancé, 2002, S. 134

Gedächtnis gespeichert, so dass man zwar weiß, dass man sie schon einmal gelesen hat, sie aber noch nicht einsetzen kann. Die Bedeutungszuordnung für neu erworbene Wörter erfolgt anfangs durch Übersetzung. Besteht eine große morphologische Ähnlichkeit eines neuen Wortes zu einem bereits im mentalen Gedächtnis vorhandenen Wort, so dürfte es beim Lesen des neuen Wortes zu einem Zugriff auf die Repräsentation des bekannten Wortes kommen, so dass das Wort rezeptiv einsetzbar ist. Das dritte Sieb der EuroCom-Methode, d.h. Lautentsprechungsregeln, unterstützt den Lernenden dabei, die Wortverwandtschaft zu erkennen.[40]

Die Verarbeitung von Wörtern im Kontext erfolgt schneller als die Verarbeitung von Einzelwörtern, was darauf zurückzuführen ist, dass beim Zugriff auf eine Wortrepräsentation im mentalen Gedächtnis zugleich ein ganzes Informationsnetzwerk aktiviert wird. Informationen, die zu dem Informationsnetzwerk gehören, werden schneller verarbeitet als nicht zusammenhängende Einzelinformationen (Priming).[41]

3) Syntaktische Analyse

In diesem Abschnitt wird vom Wettbewerbsmodell ausgegangen, d.h. dass sich Prozesse auf der formalen und Prozesse auf der Bedeutungsebene gegenseitig verstärken oder hemmen können. Ein formaler Auslöser wird eher von Bedeutung sein, wenn er häufig vorkommt als wenn es sich um ein seltenes Phänomen handelt. Sind formale Auslöser in der Muttersprache unbekannt, so muss ihre Verarbeitung erst erworben werden. In der Regel greift ein Lerner beim Lesen eines Textes in einer nahverwandten Sprache zunächst auf Strategien aus der Muttersprache zurück. Der Transfer syntaktischer Auslöser hängt davon ab, wie ähnlich er der Struktur der bekannten Sprachen ist (EuroCom Sieb 6).[42] Da die syntaktische Verarbeitung in der Regel stark automatisiert ist, ist es schwer die Anwendung bekannter Strategien auszuschalten, auch wenn sie in der neuen Sprache nicht hilfreich sein sollten.[43]

Viele syntaktische Indikatoren dürften Bestandteil der mentalen Lexikoneinträge sein, was bedeuten würde, dass sie wortgebunden wären. Beispielsweise wären die jeweilige Wortart, morphologische Struktur und die Valenz der Verben gemeinsam mit den

---

[40] Vgl. Lutjeharms, 2004, S. 71 f, 78
[41] Vgl. Lutjeharms, 2004, S. 72 f
[42] Vgl. Lutjeharms, 2004, S. 74 f
[43] Vgl. Lutjeharms, 2004, S. 75

jeweiligen Wörtern repräsentiert.[44] Dabei scheint die Verknüpfung innerhalb syntagmatischer Strukturen enger zu sein als zwischen unterschiedlichen syntagmatischen Elementen, d.h. beispielsweise, dass die Verbindung von Elementen innerhalb einer Nominalphrase enger ist als zwischen einer Nominal- und einer Verbalphrase. Somit kommt es eher zu einem code switching der Art „La voiture bleue ist nicht in Ordnung" als zu „La blaue voiture ist nicht in Ordnung".[45]

4) Form, Inhalt und die Rolle des Vorwissens

Die Verarbeitung der Form ist bei nicht erlernten Sprachen ein zumindest teilweise bewusster Prozess, was zu einer Überlastung des Kurzzeitgedächtnisses führen kann, so dass Ratestrategien eingesetzt werden. Für alle Verarbeitungsebenen ist Vorwissen nötig, wobei unpassendes Vorwissen sowie Rate- und Vermeidungsstrategien zu falschen Schlüssen führen können. Wichtig ist daher, das Wissen über die neue Sprache immer mehr auszubauen, um Fehldeutungen zu verhindern und die Verarbeitung nach und nach zu automatisieren.[46]

5) Semantische Analyse

Beim Lesen in einer nahverwandten Sprache werden die Ergebnisse des Dekodierens des Textes mit dem inhaltlichen Vorwissen kombiniert, so dass ein Textverständnis entsteht. Das Vorwissen wird beispielsweise aktiviert durch die Überschriften, Bilder oder auch Zusammenfassungen am Textbeginn. Auch ist es wichtig zu wissen, um welche Textsorte es sich handelt und was die Funktion des Textes ist, da auf diese Weise z.B. von vornherein klar ist, ob es sich eher um einen umgangssprachlichen oder einen formalen Text handelt und mit welcher Art von Ausdrücken somit zu rechnen ist.[47] Gemäß dem mentalen Modell nach Johnson-Laird (1983) führt die semantische Textverarbeitung zu einer Speicherung von individuell verdichteten Informationen aus dem Text, wobei die Sprachstruktur nicht mehr direkt abrufbar ist. Interessant ist jedoch, dass auch die Oberflächenform eines Textes irgendwie abgespeichert wird, da ein bereits gelesener Text, auch wenn sich der Leser nicht mehr an die vorherige

---

[44] Vgl. Lutjeharms, 2004, S. 76
[45] Vgl. Meißner, 1998, S. 65
[46] Vgl. Lutjeharms, 2004, S. 76
[47] Vgl. Lutjeharms, 2004, S. 77

Lektüre erinnert, schneller gelesen wird, als beim ersten Mal. Somit kann auch das Lesen eine inhaltliche Verarbeitung dazu führen, dass sich die Sprachkenntnis erhöht. [48]

2.4 Textauswahl und Schwierigkeitsgrad

Im Interkomprehensionsunterricht werden von Anfang an authentische Texte gelesen, die sich am inhaltlichen Interesse der Lerner orientieren. Dabei richtet sich die Abfolge der grammatischen Inhalte nach den gerade behandelten Texten und nicht umgekehrt. Es wird stets nur das erklärt, was gerade zum Textverständnis relevant ist.[49] Die Texte sollten jedoch vom Schwierigkeitsgrad bzw. Interkomprehensionsgrad an die vorhandene Sprach- und Lernkompetenz angepasst sein. Hierbei geht es nicht um die thematische Schwierigkeit, sondern um die Schwierigkeit beim Dekodieren. Je höher der Anteil an Profilwörtern und –funktionen im Vergleich zu den Transferbasen im Text ist, umso höher ist der Schwierigkeitsgrad.[50] Profilwörter sind beispielsweise bei Interkomprehension innerhalb der romanischen Sprachgruppe

„Wörter, die weder von einer romanischen Ausgangssprache noch vom internationalen Wortschatz her erschließbar sind oder deren Bedeutung sich so stark verändert hat, daß der Bezug auf das etymologisch verwandte Wort nicht mehr zur Erschließung hilft."[51]

Profilwörter stellen wichtige Bestandteile der Sprachen dar, wobei es pro romanischer Sprache etwa ein bis zwei Dutzend Profilwörter gibt.[52] Die Einteilung in verschiedene Interkomprehensionsgrade kann variieren. Bisher gibt es folgende grobe Einteilung im Rahmen des EuroCom-Projektes:

- Interkomprehensionsgrad 1: bis 10% Profilwörter
- Interkomprehensionsgrad 2: mittlerer Anteil an Profilwörtern
- Interkomprehensionsgrad 3: sehr hoher Anteil an Profilwörtern

Es existiert auch die Vorstellung, dass ein Text mit mehr als 25% Profilwörtern nicht mehr interkomprehensibel sei. [53]

---

[48] Vgl. Lutjeharms, 2004, S. 777 f
[49] Vgl. Meißner, 2004, S. 60, 62
[50] Vgl. Meißner, 2004, S. 59 f
[51] Klein/Stegmann, 2000, S. 146
[52] Vgl. Klein, 1999b, S. 160
[53] Vgl. Klein, 2006

Interessant ist auch die Frage, wie groß die graphemischen Unterschiede zwischen Wörtern nahverwandter Sprachen sein können, ohne dass es das Erschließen verhindert. Eine Untersuchung ergab, dass Worte mit einem unterschiedlichen Graphem von 90%, mit zwei unterschiedlichen Graphemen noch von 75% und mit drei unterschiedlichen Graphemen noch von 50% der Getesteten erschlossen werden konnten. Bei mehr als drei Graphemen, die unterschiedlich waren, erschloss fast keiner mehr das unbekannte Wort. Je nach Wortlänge und Kenntnisstand von Lautentsprechungsregularitäten variiert die Grenze, ab wann ein Wort unerschließbar wird.[54] Die im nächsten Abschnitt vorgestellte EuroCom-Methode dient dazu, die Interkomprehensionsfähigkeit auf verschiedenen Wegen zu erhöhen.

3 EuroComRom: Die sieben Siebe

EuroComRom[55] ist eine interkomprehensiv basierte Methode, die sich an deutschsprachige Muttersprachler richtet, die neben ihrer Muttersprache Grundkenntnisse in Englisch haben und eine romanische Sprache (bestenfalls Französisch) beherrschen.[56] Die erlernte romanische Sprache stellt die Brückensprache dar, von der aus der Transfer zu anderen romanischen Sprachen stattfindet. Es ist ein Mehrsprachigkeitskonzept zur Erreichung rezeptiver Kompetenz in allen (auch in weniger verbreiteten) romanischen Sprachen, das über viele Jahre in Lehrveranstaltungen erprobt und aufgebaut wurde.[57] Zunächst steht die Lesekompetenz und parallel dazu die Hörkompetenz im Mittelpunkt der EuroCom-Methode. Ist die rezeptive Kompetenz gefestigt, so kann mit Hilfe von speziellem Unterricht zusätzlich auch eine aktive Sprechkompetenz aufgebaut werden. In Bezug auf die Funktionalität der Mehrsprachigkeit ist nicht anzustreben, eine akzeptable Schreibkompetenz zu erwerben, da es in der Regel wichtiger ist, lesen, verstehen und mündlich kommunizieren zu können. Wichtige schriftliche Unterlagen sollten sinnvoller Weise von Muttersprachlern erstellt werden, da es für einen Nichtmuttersprachler fast unmöglich ist, eine annähernd einwandfreie schriftliche Ausdrucksfähigkeit zu erlangen.[58]

---

[54] Vgl. Reinfried, 1999, S. 120
[55] Das Rom bei EuroComRom steht für romanisch
[56] Vgl. Rutke/Wegner, 2004, S. 179
[57] Vgl. Klein, 1999b, S. 154
[58] Vgl. Klein, 2004, S. 31

Den Lernern wird gemäß den Vorstellungen der Mehrsprachigkeitsdidaktik bewusst gemacht, welche Kenntnisse sie von einer vermeintlich fremden Sprache bereits haben, was zu Motivation und Selbstvertrauen führt. Zudem wird den Lernern gezeigt, wie sie durch gewisse bewusstgemachte Analogien und den Kontext zunächst unbekannte Elemente optimal erschließen können (Optimiertes Erschließen). Hierbei ist auch das (vorläufige) Einsetzen von „Dingsda" für zunächst nicht wiedererkannte Worte erlaubt, wenn es zum Gesamtverständnis des Textes beiträgt.[59]

Mit EuroCom macht das Lernen Spaß und es wird nach und nach eine immer größere „language awareness", d.h. Sicherheit im Umgang mit der Sprache, aufgebaut.[60]

In den folgenden Abschnitten werden die sieben Siebe der Methode vorgestellt. Das Bild der Siebe soll dabei verdeutlichen, wie aus der neuen Sprache auf verschiedenen Wegen alles herausgesiebt wird, was dem Lerner bereits aus den anderen Sprachen bekannt ist. Auf diesem Weg bleiben am Ende nur noch die Profilwörter bzw. profilhaften Elemente übrig, die durch Raten oder den Kontext erschlossen werden können. Nur im Notfall kommen dabei Wörterbücher zum Einsatz. Je nach individueller Lernerbiographie und Vorlieben kommen die Siebe in unterschiedlicher Reihenfolge und mit unterschiedlicher Häufigkeit zum Einsatz. Bei der praktischen Texterschließung werden die Siebe nicht getrennt voneinander und je nach Notwendigkeit eingesetzt.[61]

Die folgende Abbildung zeigt, wann welches Sieb beim Leseprozess zum Einsatz kommt bzw. kommen kann und welche Faktoren zusätzlich eine Rolle spielen (außertextuelle Informationen, Erwartungen, Vorwissen). Sie zeigt auch, wann der Wörterbucheinsatz sinnvoll wird, nämlich erst dann, wenn alle anderen Wege nicht zum erfolg geführt haben sollten.

---

[59] Vgl. Klein, 2002, S. 49
[60] Vgl. Klein, 2002, S. 51
[61] Vgl. Klein, 1999b, S. 157

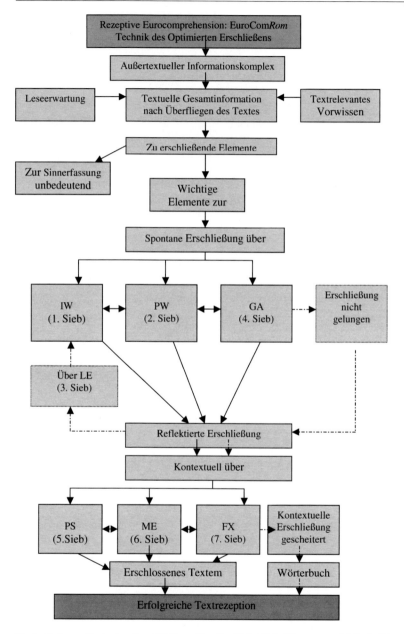

Technik des optimierten Erschließens (Quelle: Vgl. Klein/Stegmann, 2000, S. 23)

3.1 Erstes Sieb: Internationaler Wortschatz (IW)

Die Internationalismen bzw. der internationale Wortschatz werden im Deutschen häufig als „Fremdwörter" bezeichnet, obwohl viele von ihnen genauso geläufig sind wie andere deutsche Wörter. Es sind Wörter, die in allen lebenden Standardsprachen enthalten sind, wobei es meist nur zu geringfügigen Veränderungen gekommen ist. Im mentalen Lexikon Erwachsener sind in der Regel viele Internationalismen gespeichert. Zum Verstehen der Internationalismen wird auf die Repräsentation des sehr ähnlichen bekannten Wortes zugegriffen. Aus diesem Grund ist der internationale Wortschatz ebenso wie international bekannte Namen von Personen und Institutionen sowie geographische Begriffe sofort verständlich. Da sehr viele Internationalismen den romanischen Sprachen bzw. dem Latein entstammen, sind diese im Vergleich zu anderen Sprachen im Vorteil.[62]

Je nachdem wie viele Internationalismen dem Leser bekannt sind, wird ihm das Erschließen eines Textes in einer bisher nicht erlernten, nahverwandten Sprache leichter oder schwerer fallen, so dass im Rahmen von EuroCom auch die Internationalismen wieder aktiviert werden, um sie zur Erschließung besser einsetzen zu können. Klein/Stegmann (2000) haben hierzu eine Übersicht mit 5000 deutschen „Fremdwörten" zusammengestellt, über die ein Erwachsener in der Regel verfügt.[63]

Beispiele für Internationalismen sind:

Spanisch	Italienisch	Englisch
chocolate	cioccolato	Chocolate
realidad	realità	reality

3.2 Zweites Sieb: Panromanischer Wortschatz (PW)

Beim panromanischen (pan (gr.) = alle) Wortschatz handelt es sich um Wörter, die in mindestens fünf romanischen Sprachen vorkommen. Es sind Wörter, die bereits zu Zeiten des Vulgärlateins in allen Regionen des Imperiums verwendet wurden und sich bis heute erhalten haben. Insgesamt sind 500 panromanische Wörter bekannt.[64] Diese Wörter gehören meist zum Grundwortschatz und oft zu den am häufigsten verwendeten Wörtern der jeweiligen Sprachen. Zudem ist festzustellen, dass in den meisten Fällen die panromanischen Wörter auch im Englischen, wenn auch teilweise nur in

---

[62] Vgl. Klein/Reissner, 2006, S. 17, S. 25
[63] Vgl. Klein/Stegmann, 2000, S. 31 f
[64] Vgl. Klein/Stegmann, 2000, S. 37

abgewandelter Form, vorhanden sind, so dass sie auch Englischsprachigen zur Erschließung romanischer Texte zur Verfügung stehen.[65]

Der Nukleus des panromanischen Wortschatzes wird aus 39 Wörtern gebildet, die in allen romanischen Sprachen und 108 Wörtern, die in mindestens 9 romanischen Sprachen vorkommen. Die Ergänzungsliste setzt sich zusammen aus 33 Wörtern, die in 8 romanischen Sprachen vorkommen und 227 Wörtern aus 5-7 romanischen Sprachen. Der panromanischen Erbwortschatz besteht aus dem Nukleus des panromanischen Wortschatzes und der Ergänzungsliste. Zum panromanischen Wortschatz zählen zudem 73 Wörter aus dem Gelehrtenlatein und 20 Lehnwörter mit germanischem Ursprung.[66] Da die panromanischen Wörter nicht in allen Regionen genau identisch erhalten geblieben sind, wird häufig das dritte Sieb, d.h. Lautentsprechungsregularitäten, benötigt, um zu erkennen, dass es sich bei einem Wort um ein panromanisches, d.h. bekanntes Wort handelt. Auf diesem Weg kann eine Verbindung zwischen bekanntem und neuem Wort hergestellt werden.

Beispiele für panromanische Wörter für Spanisch, Italienisch und Englisch sind:

Spanisch	Italienisch	Englisch
claro	chiaro	clear
canto	canto	chant

3.3 Drittes Sieb: Lautentsprechungen (LE)

Dieses Sieb bezeichnet den Vorgang, von einer Lautverbindung einer Sprache auf die entsprechende Lautverbindungen einer anderen, nahverwandten Sprache zu schließen. Hierzu haben Klein/Stegmann (2000) verschiedene typische Lautentsprechungen zusammengestellt. Die beschriebenen Lautentsprechungsregeln finden nicht in jedem Fall Anwendung, was für das Leseverstehen jedoch nicht von Bedeutung ist, da man das Wort, wenn kein Wandel stattgefunden haben sollte noch problemloser erkennen wird[67]. Bei den Lautentsprechungen ist im Rahmen von EuroCom von Bedeutung, dass sie häufig vorkommen, dass typologische Repräsentativität vorliegt und dass die Kenntnis der Lautentsprechung für den Erschließungsprozess notwendig ist. Es handelt sich demnach um streng synchrone lautliche Entsprechungen.[68] Durch das Einprägen dieser Regeln, können neuronale Verbindungen im Mehrsprachenspeicher entstehen, die es

---

[65] vgl. Klein/Reissner, 2006, S. 25
[66] Vgl. Klein, 1999a, S. 26 ff
[67] Klein/Stegmann, 2000, S. 61
[68] Vgl. Klein, 1997

mit der Zeit ermöglichen immer automatischer Wörter in der nahverwandten Sprache zu erschließen bzw. darin bekannte Wörter zu erkennen.

Da in dieser Arbeit von einem spanischen Text auf italienische und englische Entsprechungen geschlossen werden soll, werden im Folgenden einige wichtige Lautentsprechungsformeln zu diesen Sprachen vorgestellt, die größtenteils im praktischen Beispiel wieder aufgegriffen werden:

LE	Spanisch	Italienisch	Englisch
LE1	-ie-	-e-, -ie-	-e-
LE2	n~	gn, nn	
LE3	j, ll	gl	li/l
LE4	-b-	-p-	-v-, -p-
LE5	-d-	-t-	-t- (zwischenvok.)
LE6	g, Ø	c, g, gg	Vokal + -c/g/k
LE7	ll	pi	pl-
LE8	ll	fi	fl
LE9	es + cons.	s + cons.	s + cons.
LE10	qu-	chi, che	qu
LE11	-(i)ón/(i)ones	-ione/i	-(i)on/-(i)ons
LE12	-dad, -tad	-tà	-ty
LE13	j-, -y-	g-, -g-	j-, -j-
LE14	ue	o	
LE15	i	e	
LE16	h-	f-	
LE17	-gu-	-qu-	
LE18	-r, -l, -n, -s, -d	Spanisch + e	

3.4 Viertes Sieb: Graphien und Aussprache (GA)

In den meisten Fällen werden die Laute in den romanischen Sprachen und auch im Englischen mit den gleichen Buchstaben wiedergegeben. Allerdings gibt es auch einige Laute, die in den verschiedenen Sprachen unterschiedlich geschrieben werden. Kennt man diese unterschiedlichen Schreibweisen, so kann dies dabei helfen, Wörter wiederzuerkennen. Hierbei ist zu beachten, dass sich die englische Aussprache häufig erheblich von der romanischen unterscheidet, wobei jedoch das Schriftbild weitestgehend übereinstimmt und das Erschließen beim Lesen somit nicht beeinträchtigt wird.

Auch hierzu ein paar Beispiele für die hier behandelten Sprachen:[69]

Graphie	Spanisch	Italienisch	Englisch
j	χ		dZ
(g)i	χ	dZ	dZ

---

[69] Vgl. Klein/Reissner, 2006, S. 60 ff; Klein/Stegmann, 2000, S. 100

c]e, i	T	tΣ	s
za, zo, zu	T	dz, ts	z
u	υ	u	ju
ñ	νφ	gn	
ll	λφ	l-l	l
ch	tΣ	k	tΣ
qu	k	ku	kw
gu	g	g	oft: gς

3.5 Fünftes Sieb: Panromanische syntaktische Strukturen (PS)

Die Grundstruktur der romanischen sowie auch der englischen Sätze, d.h. die 9 Kernsatztypen, sind weitgehend identisch. Hierbei handelt es sich um die folgenden Kernsatztypen:

K1: NP + V (sein) + NP (Nom)
K2: NP + V (sein) + ADJ
K3: NP + V + NP (Akk)
K4: NP + V
K5: NO + V + PP
K6: NP + V + NP (Akk) + PP
K7: NP + V + NP (Dat)
K8: NP + V + NP (Akk) + NP (Dat)
K9: NP + V + NP (Dat) + PP

Neun weitere Syntagmen weisen parallele Strukturen in den romanischen Sprachen und dem Englischen auf. Beispielsweise der Relativsatz, der im Englischen mit "that" gebildet wird, während im Spanischen „que" und im Italienischen „che" steht. Die Konditionalsätze werden im Englischen durch „if", im Spanischen durch „si" und im Italienischen durch „se" gebildet. Auch die Hypotaxe weicht lediglich durch das einleitende Wort voneinander ab (engl.: that, sp.: que, it.: che). Das romanische Gerundium hat eine ungefähre Entsprechung in der englischen –ing-Form. Die Fragesätze werden in den romanischen und der englischen Sprache ebenfalls sehr ähnlich gebildet.[70] Diese syntaktischen Strukturen machen circa 98% der geschriebenen Sprache aus, so dass die jeweiligen Ausnahmen beim allgemeinen Textverständnis und der Kommunikation eine eher geringe Rolle spielen.[71]

Die vorliegende Ähnlichkeit der Satzstrukturen führt auf dieser Ebene zu einem schnellen und guten Transfer.

---

[70] Vgl. Klein/Reissner, 2006, S. 74 ff
[71] Vgl. Klein, 1997

3.6 Sechstes Sieb: Morphosyntaktische Elemente (ME)

Eine weitere Erleichterung beim Erschließen von Texten nahverwandter Sprachen ergibt sich, wenn man sich die Gemeinsamkeiten und Unterschiede der Sprachen im Bezug auf morphosyntaktische Elemente vor Augen führt. Tempi und Modi sind meist durch den Zusammenhang erkennbar und ihre Kenntnis daher weniger relevant für das Textverständnis. Die folgende Tabelle stellt für die hier betrachteten Sprachen einige morphosyntaktischen Elemente dar:[72]

	Spanisch Weiblich, männlich ar/er/ir	Italienisch Weiblich, männlich are/ere/ire	Englisch Weiblich, männlich
Artikel (unbestimmt, bestimmt)	un, una el/ los, la/las	un/uno, una/un' il/lo/i/gli, la/le	a/an the
Pluralmarkierung im Nominalsystem	-s	-i, -e	-es/-ies
Genusmarkierung bei Adjektiven	-o/-e/Konsonant, -a/-e	-o/-e/Konsonant, -a/-e	Keine Markierung
Regelmäßige Adverbienkenn-zeichnung	-mente	-mente	-ly
Verschmelzung von Präposition und Artikel	a+el -> al de+el-> del	in+il/lo/i/gli, la/le -> nel/nello/nei/negli, nella/nelle ebenso: su, da, a, di, con	Keine Verschmelzung
Infinitiv	-ar, -er, -ir	-are, -ere, -ire	to + Infinitiv
Personal-markierungen im Präsens	1. Pers. sing.: -o 2. Pers. sing.: -as/-es 3. Pers. sing.: -a/-e 1. Pers. plur.: -amos/-emos/-imos 2. Pers. plur.: -áis/-éis/-ís 3. Pers. plur.: -an/-en/-en	1. Pers. sing.: -o 2. Pers. sing.: -i 3. Pers. sing.: -a/-e 1. Pers. plur.: -iamo 2. Pers. plur.: -ate/-ete/-ite 3. Pers. plur.: -a/-ono/-ono	3. Pers. sing: -s
Personalmarkierung im Futur	-é -ás -á -emos -éis -án	-erò/-erò/-irò -erai/-erai/-irai -erà/-erà/-irà -eremo/-eremo/-iremo -erete/-erete/-irete -eranno/-eranno/-iranno	
Gerundium / Partizip Präsens	-ando/-iendo/-iendo	-ando/-endo/-endo	-ing
Partizip Perfekt	-ado/-ido/-ido	-ato/-eto/-ito	to have + Wortstamm des Verbs-ed
Anhängen reflexiver Pronomina an	Ja	Ja	Nein

---

[72] Vgl. Klein/Stegmann, 2000, S. 123 ff; Klein/Reissner, 2006, S. 82 ff

Infinitive und Befehlsform			

Diese Regeln sind für die bekannten Sprachen im Mehrsprachenspeicher enthalten. Durch häufige Verarbeitung und Verinnerlichung der Ähnlichkeiten und Unterschiede zu anderen Sprachen, kann das mentale Netzwerk um Verbindungen zu anderen Sprachen erweitert werden.

3.7 Siebtes Sieb: Prä- und Suffixe (FX)

Sehr viele Wörter bestehen unter anderem aus Prä- und Suffixen. Es existieren je ca. 40 aus dem Lateinischen und je ca. 40 aus dem Griechischen abgeleitete Prä- und Suffixe. Im Englischen überwiegt die Verwendung lateinischbasierter Affixe (Prä- und Suffixe). Affixe sind hochgradig international. Wer sie korrekt von den Wortstämmen abtrennen kann und zudem ihren jeweiligen Bedeutungsbereich kennt, kann viele Wortbedeutungen wesentlich erfolgreicher erschließen als Andere. Neben den Affixen aus dem Griechischen und Lateinischen gibt es heutzutage auch immer mehr Affixe, die aus dem Englischen in die romanischen Sprachen zurückwandern. Zu beachten ist, dass die Affixe in der Regel an die jeweiligen Schreibgewohnheiten der unterschiedlichen Sprachen angepasst sind (z.b. hypo/ipo, philo/filo). Zur erfolgreichen Erschließung kann es neben dem Abkoppeln der Affixe auch sinnvoll sein, sie auszutauschen oder hinzuzufügen. Eine Übersicht der Prä- und Suffixe findet sich bei Klein/Stegmann (2000).[73]

3.8 Ergebnisse von Untersuchungen zu EuroCom

In über 2.500 Tests hat sich gezeigt, dass mit Hilfe von EuroComRom Leseverständnis in allen (auch den weniger verbreiteten) romanischen Sprachen erreicht wurde.[74] Im Folgenden findet sich eine Auswertung des EuroComRom-Seminars im Wintersemester 2001/2002 an der Johann-Wolfgang-Goethe-Universität Frankfurt. Da es eine sehr heterogene Studierendengruppe war und auch die vorhandenen Brückensprachen stark variierten, handelt es sich nicht unbedingt um repräsentative Ergebnisse, jedoch sind Tendenzen erkennbar:

- Teilnehmer mit mehreren Brückensprachen erzielten generell einen besseren Notendurchschnitt als Teilnehmer mit nur einer Brückensprache, was darauf

---

[73] Vgl. Klein/Stegmann, 2000, S. 139; Klein/Reissner, 2006, S. 102
[74] Vgl. Klein, 1999b, S. 160

schließen lässt, dass sie über eine höhere „language awareness" verfügten und ihre rezeptiven Kompetenzen besser nutzten. Es existieren vermutlich mehr Knoten und stärkere Verbindungen im Mehrsprachenspeicher.

- Der Notendurchschnitt der Teilnehmer ohne Lateinkenntnisse war besser als jener der Teilnehmer mit Lateinkenntnissen. Dies weist darauf hin, dass Lateinkenntnisse für das Erschließen romanischer Sprachen weniger hilfreich sind als romanische Sprachen, was daran liegen kann, dass die Lateinkenntnisse häufig nur gering sind und nicht gepflegt werden.

- Das Französische war, mit geringem Vorsprung vor dem Spanischen, die am Besten geeignete Brückensprache.

- Das Ergebnis des Abschlusstests (Semesterende) ergab im Vergleich zum Vortest (Semesterbeginn) einen nahezu 2 Notenstufen besseren Notendurchschnitt. Dies zeigt, dass mit Hilfe der EuroCom-Methode ein deutlich gesteigerter Erschließungserfolg erreicht wurde. [75] Hierbei ist jedoch zu beachten, dass den Teilnehmern vermutlich bewusst war, dass der erste Test „nur" der Forschung und dem Erkennen des eigenen Fortschritts diente während der Abschlusstest den Scheinerwerb ermöglichte, so dass die Motivation möglichst viel zu erschließen in letzterem Fall höher gewesen sein dürfte.[76]

Untersuchungen haben zudem gezeigt, dass nach 4 Jahren gewöhnlichem Fremdsprachenunterricht an der Schule Lesekompetenz der Stufe B1 gemäß dem Gemeinsamen europäischen Referenzrahmen, sowie Hör-, Schreib- und Sprechkompetenz der Stufe A2 für *eine Fremdsprache* erreicht werden. Nach 15 Sitzungen an der Universität unter Anwendung der EuroCom-Methode werden im Vergleich hierzu Lesekompetenz der Stufe B2, sowie Hörkompetenz der Stufe A2 und Schreib- und Sprechkompetenz der Stufe A1 für *5 Sprachen* parallel erreicht. Nach einem einjährigen Interkomprehensionskurs an der Universität konnte sogar Lesekompetenz der Stufe C1, Hörkompetenz B1 und Schreib- und Sprechkompetenz A2 erreicht werden.[77]

---

[75] Vgl. Mahlmeister, 2004, S. 156 ff
[76] Eigene Erfahrung aus dem EuroComRom-Seminar Wintersemester 2005/2006 und Gespräche mit Kommilitonen.
[77] Vgl. Bär, 2004, S. 155 f

4 Praktisches Beispiel zum Transfer

In diesem Kapitel wird ein spanischer Text anhand der Brückensprachen Englisch und Italienisch kommentiert und darauf hingewiesen, welche Transferhilfen das Erschließen erleichtern können.

Diese beiden Brückensprachen wurden aus verschiedenen Gründen ausgewählt. Zum einen handelt es sich bei Italienisch um die von der Verfasserin am Besten beherrschte romanische Sprache. Des Weiteren stellt Englisch die von der Verfasserin neben der Muttersprache (Deutsch) am besten beherrschte Sprache dar und es soll gezeigt werden, dass auch Englisch als „verhinderte romanische Sprache"[78] beim Erschließen eines romanischen Textes hilfreich ist.

Es handelt sich bei diesem Text um die Beschreibung einer Attraktion auf der Homepage von Xcaret, einem großen, bekannten Wasser-Vergnügungspark in Mexiko. Der Text ist dem Interkomprehensionsgrad 1 zuzuordnen, da weniger als 10% Profilwörter enthalten sind. Allerdings erhöht sich der Schwierigkeitsgrad etwas, da mehrmals Futurformen vorkommen, die weniger leicht erschließbar sind, als Präsensformen. Profilwörter werden im Text unterstrichen und in den Kommentaren erklärt. Zu den Profilwörtern werden alle Wörter gezählt, die nicht anhand der Brückensprachen oder des internationalen Wortschatzes erschließbar sind, auch wenn sie über andere romanische Sprachen erschließbar wären.

Nado con Delfines (Quelle: Internet 1)

---

[78] Genauere Informationen zu Englisch als Basismodul und „verhinderte romanische Sprache" finden sich bei Klein/Reissner, 2006

4.1 Spanischer Text: Nado con Delfines

Originaltext	Transferkommentare für Englisch und Italienisch
Nado con Delfines	Nado (Was macht man mit Delfinen? Was ist auf dem Bild zu sehen?=> dt. schwimmen) con (PW(nicht engl.)) Delfines (ME: westromanisches Plural-s => it. Delfini, engl. Dolphins)
En Xcaret, las cálidas y cristalinas aguas del Mar Caribe serán el marco perfecto para hacer realidad tu sueño de nadar con delfines.	cálidas (it. caldo=> dt. warm) y (PW (nicht engl.) => it. e) cristalinas (it. cristalline/engl. crystalline) aguas (IW, LE17 =>it. acque, engl. hilft aquarium) del (ME: sp.+it. Verschmelzung Präposition und Artikel, engl. „of the") Mar (IW, LE18=> it. mare) Caribe (geogr. Name) serán (Aufspaltung in ser-án=> ME: 3. Person Plural Futur => it. saranno) marco (dt. Rahmen) perfecto (PW=> it. perfetto, engl. perfect) para (PW (nicht engl.) => it. per) hacer (PW (nicht engl.) LE16=> it. fare, engl. hilft "factory") realidad (IW, LE12 => it. realtà, engl. reality) sueño (LE14, LE2=> it. sogno) nadar (Infinitiv zu "nado"=> dt. schwimmen)
Durante el programa de Nado con Delfines de Xcaret un grupo de majestuosos delfines nadarán libremente contigo durante un prolongado periodo, permitiéndote jugar con ellos, acariciarlos y sentir esa conexión tan especial que tienen con el hombre.	Durante (ME: Gerundium => it. Durante, engl. during) programa (IW=> it. programma, engl. programme) grupo (PW => it. gruppo, engl. group) majestuosos (IW=> it. maestosi, engl. majestic) nadarán (ME: 3. Person plural Futur) libremente (ME: Adverb=> it. liberamente, engl. hilft "liberal") contigo (con-ti-go=> it. con te) prolongado (ME: Partizip Perfekt, LE5=> it. prolungato, engl. prolonged) periodo (IW=> it. periodo, engl. period) permitiéndote (LE15, LE1, permitiéndo-te=> it. permettendo-ti) jugar (PW, LE13, LE14, LE6=> it. giocare, engl. hilft „Juke-Box") ellos (PW, Mit wem geht man schwimmen? Mit „ihnen", den Delfinen) acariciarlos (LE15, acariciar-los (Akkusativpronomen) it. accarezzarli) sentir (PW=> it. sentire, engl. hilft sentiment) conexión (IW=> it./engl. connection) tan (dt. so, so sehr) especial (IW, PW, LE9, LE18=> it. speciale, engl. special) que (LE10, ME: panromanischer Relativsatz=> it. che) tienen (PW (tener=> dt. haben) ME: 3. Person plural Präsens=> it. tengono) hombre (PW=> it. uomo, engl. human)
Nuestros expertos entrenadores te darán una amena explicación sobre la anatomía, psicología, naturaleza e increíbles formas de comunicación de los delfines bajo el agua.	Nuestros (PW=> it. nostri, engl. hilft „cosa nostra") expertos (IW=> it. esperti, engl. experts) entrenadores (en-trena-dores=> engl. hilft „trainers") darán (IW, PW, ME: 3. Person plural Futur => it. daranno) amena (it. amena, engl. hilft „amenity") explicación (IW, LE11=> it. esplicazione) sobre (IW, LE4=> it. sopra) anatomía (IW=> it. anatomia, engl. anatomy) psicología (IW=> it. psicologia, engl. psychology) naturaleza (IW=> it. naturalezza, engl. hilft "natural") increíbles (IW=> it. incredibili, engl. incredible) formas (IW=> it. forme, engl. forms) comunicación (IW, LE11=> it. comunicazione,

	engl. communication) **bajo** (IW: Baisse=> it. basso)
También te verás sorprendido al sentirlos brincar sobre tu cabeza y sentir su fuerza al ser propulsado por ellos en el agua en divertidos ejercicios.	**También** (dt. auch, ebenfalls) **verás** (PW, ver-ás=> ME: 2. Person singular, Futur=> it. vedrai, hier lateinamerikanische=> dt. aussehen) **sorprendido** (IW, ME: Partizip Perfekt=> it. sorpreso, engl. surprised) **sentirlos** (sentir-los (Akkusativpronomen) =>Wen fühlt man über sich? "sie", die Delfine=> it.: sentirli) **brincar** (dt. hüpfen, springen) **cabeza** (PW (nicht engl.) => it. capo, engl. hilft „cap-à-pie") **fuerza** (IW, LE14=> it. forza, engl. force) **ser** (PW=>it. essere) **propulsado** (IW=> it. propulsivo, engl. hilft "propulsion") **por** (PW=> it. per) **ellos** (Akkusativ: dt. sie (plur.)) **divertidos** (LE5, Partizip Perfekt=> it. divertiti, engl. diverted) **ejercicios** (IW=> it. esercizi, engl. exercises)
Un beso sellará por siempre tu encuentro con estos sonrientes delfines; el sonido de su canto y sus increíbles piruetas serán un recuerdo que llevarás por siempre contigo.	**beso** (dt. Kuss) **sellará** (dt. besiegeln) **siempre** (LE1=> it. sempre) **encuentro** (LE14=> it. incontro, engl. encounter) **sonrientes** (it. sorridenti) **sonido** (PW (sp. sonar)=> it. suono, engl. sound) **canto** (PW=> it. canto, engl. chant) **piruetas** (IW=> it. piroette, engl. pirouettes) **recuerdo** (LE14=> it. ricordo) **llevarás** (Eine Erinnerung, die man für immer mit sich/bei sich „llevaren" wird.=> dt. tragen)
No te pierdas la oportunidad de participar en el mejor programa de Nado con Delfines que ofrece el Caribe Mexicano. Horario: de lunes a domingo. Lugar: Delfinario II Duración: una hora Para participar en este programa es necesario comprar la admisión al parque.	**pierdas** (PW, LE1, ME: Verb 2. Person singular Präsens => it. perdi, engl. hilft „perdition") **oportunidad** (IW, LE12=> it. opportunità, engl. opportunity) **participar** (IW (Part), LE15, LE18 => it. partecipare, engl. participate) **mejor** (IW, LE3, LE18 => it. migliore, engl. major) **ofrece** (IW=> it. offre, engl. offers) **Mexicano** (bekannter geographischer Name) **Horario** (IW, GA: h- wird nicht gesprochen=> it. orario) **lunes** („Mondtag" (luna)=> it. lunedì) **domingo** (LE15, LE6=> it. domenica) **Lugar** (IW, PW=> it. luogo) **Duración** (IW=> it. durata, engl. duration) **hora** (IW, GA: h- wird nicht gesprochen=> it. ora, engl. hour) **necesario** (IW=> it. necessario, engl. necessary) **comprar** (PW (nicht engl.), LE18 => it. comprare) **admisión** (it. ammissione, engl. admission) **parque** (IW=> it. parco, engl. park)
Sólo niños mayores de 4 años pueden participar en este programa. Si el niño tiene 4 años o menos deberá participar en el programa Delphi Kids acompañado de un	**Sólo** (IW=> it./engl. solo) **niños** (Zusammenhang: Nur/allein „niños" älter/größer als 4 Jahre...=> Kinder) **mayores** (LE13=> it. maggiori, engl. major) **años** (IW, LE2=> it. anni, engl hilft „Anno – im Jahre") **pueden** (PW (poder=> it. potere), ME: 3. Person plural Präsens=> it. possono, engl. hilft „power") **si** (PW, LE15=> it. se) **menos** (IW=> it. meno) **deberá** (IW, ME: 3. Person singular Futur,

adulto. <u>Ambos</u> pagan. Precio : $125.00 USD por persona (una hora) Precio Internet (10% de descuento): $112.50 USD por persona	im Italienischen heißt es zwar "lui deve" aber im Futur nicht „lui deverà", was dem Spanischen sehr ähnlich wäre, sondern „lui dovrà". Dies ist jedoch für das Erschließen irrelevant.) **acompañado** (LE2, LE5, ME: Partizip Perfekt=> it. accompagnato, engl. accompanied) **adulto** (IW, it. adulto, engl. adult) <u>**ambos**</u> (Zusammenhang: Ein Kind in Begleitung eines Erwachsenen=> wer muss zahlen (Verb im Plural)?=> Beide) **pagan** (PW, ME: 3. Person plural Präsens => it. pagano, engl. pay) **Precio** (IW, PW=> it. prezzo, engl. price) **persona** (IW=> it. persona, engl. person) descuento (IW=> it./engl. discount)

(Quelle: Internet 2)

4.2 Fragen zum Textverständnis

- Was vermitteln die Trainer über Delfine?

  Wissen zur Anatomie, Psychologie, Natur und Kommunikation der Delfine.

- Wer darf an dem Programm "Nado con Delfines" teilnehmen? Gibt es ein

  Ersatzangebot für diejenigen, die nicht teilnehmen dürfen?

  Kinder älter als 4 Jahre dürfen am Programm "Nado con Delfines" teilnehmen.

  Jüngere Kinder können in Begleitung eines Erwachsenen am Programm "Delphi

  Kids" teilnehmen.

- Wieviel kostet die Teilnahme pro Person für 2 Stunden?

  250,00 US Dollar pro Person bzw. 225,00 US Dollar bei Internetbuchung.

4.3 Fragen zur Hypothesengrammatik inklusive Lösungen

- Wie lautet der unbestimmte und der bestimmte männliche Artikel im

  Spanischen?

  unbestimmt: un

  bestimmt: el

- Wie lautet die weibliche Pluralform des Adjektivs „majestuoso"?

  majestuosas

- Wie lautet das Adverb zu "especial"? Wie wird das Adverb im Spanischen

  regelmäßig gebildet?

  especialmente

Hypothese aufgrund der Italienischkenntnisse: Adverbien werden regelmäßig durch das Anhängen von –mente an die weibliche Form des Adjektivs gebildet.

4.4 Erkenntnisse aus der Transferübung

- Der Text hat gezeigt, dass es einer Person, die Englisch und Italienisch beherrscht, problemlos möglich ist, einen spanischen Text zu verstehen, wobei das Italienische zu einem wesentlich leichteren Erschließen führt als das Englische.

- Der Text enthält einige Profilwörter des Spanischen, bzw. Wörter, die zumindest nicht allzu leicht anhand der verwendeten Brückensprachen erschließbar sind. Diese Wörter sind jedoch zum Teil über andere romanische Sprachen erschließbar (z.B. sp./pt. nadar), über den Kontext zu verstehen oder aber für das Gesamtverständnis des Textes irrelevant.

- Auffällig ist das typisch westromanische Plural-s, das man leicht wiedererkennt, wenn man zuvor davon gehört/gelesen hat: *cristalinas*.

- Der bestimmte (*el, los, la, las*) und unbestimmte Artikel (*un, una*) sind für Italienischkenner sofort problemlos erschließbar, wobei lediglich *el agua* zunächst zu Irritationen führen könnte. Personen, die ausschließlich englischsprachig sind, wird das Erkennen leichter fallen, wenn sie sich zuvor einmal mit romanischen Artikeln beschäftigt haben. Aus dem Zusammenhang sollte jedoch auch ihnen schnell bewusst werden, dass es sich bei diesen Wörtern um Artikel handelt.

- Die Geschlechtsmarkierung entspricht im Singular dem Italienischen, d.h es steht ein –o oder eine Nullmarkierung für das Männliche und ein –a für das Feminine: *un grupo, una hora*. Allerdings ist das Erkennen in diesem Text etwas erschwert, da mehrere Ausnahmen enthalten sind: *el agua*, wobei agua weiblich ist und el lediglich als Artikel verwendet wird, da es mit –a beginnt und auf der ersten Silbe betont ist und *el programa*, das tatsächlich männlich ist, obwohl es auf –a endet, da es aus dem Griechischen abgeleitet ist. Da it. *programma* auch männlich ist, obwohl es auf –a endet, besteht hierbei jedoch kein Problem für einen Italienischsprachigen.

- Possessivadjektive im Spanischen werden im Gegensatz zum Italienischen ohne Artikel gebraucht: sp. *tu encuentro* versus *il tuo incontro*.

- Durch Italienischkenntnisse entsteht auch keine Schwierigkeit beim Verstehen des spanischen *del*, da auch im Italienischen di+il zu del verschmilzt.

- Auch die Bildung des Futurs entspricht im Spanischen dem panromanischen Standard, so dass bei Italienischkenntnissen keine Schwierigkeiten entstehen. Wer nur Englisch beherrscht, muss diese Regeln für eine romanische Sprache lernen, um sie in allen verstehen zu können, bzw. sich aus dem Zusammenhang erschließen, um welche Zeit es sich handeln könnte.

- Sehr hilfreich sind die Lautentsprechungsregularitäten, die sehr dabei unterstützen, die panromanischen Worte zu verstehen. Beispielsweise hilft die Kenntnis, dass sp. –ue- häufig it. -o- (LE14) und sp. -ñ- it. -gn- (LE2) entspricht: *fuerza, sueño.* Auch LE5, d.h. die intervokalische Sonorisierung des –t- zu –d- im Spanischen kommt im Text mehrfach vor. Ebenso ist das typisch westromanische e- vor s+Konsonant (LE9) zu beobachten, so dass die panromanischen oder internationalen Wörter durch streichen des e- für einen Italienisch- oder Englischsprachigen besser zu erkennen sind: *especial – IW spezial.* Auffällig ist zudem die Ähnlichkeit von sp. –ión mit it. -ione und engl. –ion.

- Der panromanische Relativsatz kommt im zweiten Abschnitt vor: *esa conexión...que tienen con el hombre.*

- Die spanische Syntax entspricht der panromanischen und englischen Syntax, so dass die einzelnen Wörter direkt übersetzt werden können und automatisch im Satzbau etwa an der richtigen Stelle stehen.

- Der Satzbeginn „Un beso sellará..." ist ohne Wörterbuch mit diesen Brückensprachen nicht problemlos zu verstehen (jedoch zum Teil über das Portugiesische), was für das Textverständnis insgesamt jedoch nicht relevant ist. Durch den Einsatz eines Wörterbuches kann in solchen Fällen das Verständnis und der Wortschatz zusätzlich erweitert werden. Man könnte zunächst "irgendetwas wird ... sellarieren" einsetzen, auch wenn es "sellarieren" nicht gibt, um zumindest den Rest des Satzes zu erschließen.

- Die Kommentare haben gezeigt, dass oft mehrere Siebe gleichzeitig verwendet werden und es verschiedene Wege gibt, den groben Sinn eines Wortes, Satzes oder Textes zu erschließen. Je nachdem welche Verknüpfungen stärker und welche Ähnlichkeiten größer sind, wird das eine oder das andere Sieb eingesetzt werden.

- Das Bild und die Vorinformation, dass es sich bei Xcaret um einen Wasser-Vergnügungspark handelt, erleichtern das Textverständnis stark, da sofort davon ausgegangen wird, dass es etwas mit Wasser, Delfinen und schwimmen zu tun haben muss. Die Textart legt nahe, dass eher positive als kritische Worte vorkommen werden. Es wird sogleich ein ganzer Wissenskomplex aktiviert.

- Wie in den vorhergehenden Kapiteln beschrieben, werden die neuen Informationen aus dem spanischen Text im mehrsprachigen Gedächtnis mit den bereits vorhandenen Italienisch- und Englischkenntnissen, sowie allen weiteren Sprachkenntnissen, verknüpft. Dabei werden Ähnlichkeiten, Unterschiede und Regeln abgespeichert. Beispielsweise wird das sp. especial mit dem it. speciale, engl. special, dt. spezial, speziell...verknüpft, wobei auch die Bedeutung/Funktion damit verbunden wird. Zudem wird die Regel, dass im Spanischen vor s+Konsonant ein –e stehen könnte gespeichert. Die verschiedenen Regeln werden im Laufe des Lesens immer wieder geprüft und ggf. angepasst. Beispielsweise könnte ein Leser zunächst annehmen, dass *el* auch der weibliche, bestimmte Artikel sei, da sowohl *el programa* als auch *el agua* vorkommt. Diese Hypothese würde sich jedoch schnell als falsch oder zumindest als nicht ganz richtig erweisen und verworfen werden, da auch *las ... cristalinas aguas, la anatomía* und *la admisión* vorkommen. Nun wäre der Moment gekommen, sich genauer mit dem Artikelsystem des Spanischen zu befassen, sofern Interesse daran bestünde. In einer Grammatik kann man beide Worte schnell unter den Ausnahmeregeln finden. Dies ist zum Textverständnis zunächst jedoch nicht notwendig.

- Die Fähigkeit zur Vernetzung von Sprachsystemen wird durch die Aktivierung der verschiedenen Assoziationen aus den unterschiedlichen bekannten Sprachen weiterentwickelt und bestimmte Regeln wieder ins Gedächtnis gerufen, wie beispielsweise, dass it. *programma* männlich ist. Nach und nach wird die Verknüpfung des Spanischen mit den vorhandenen Sprachkenntnissen immer stärker, so dass das Lesen eines weiteren spanischen Textes bereits problemloser gelingen wird, da einige Regeln oder zumindest Hypothesen bereits bekannt sind und nicht mehr neu aufgestellt werden müssen. Bereits das Verstehen des letzten Teils des Textes fiel wesentlich leichter als der Beginn.

- Es fällt zunächst schwer zu bestimmen, woher man die Bedeutung eines Wortes kennt, das auf einer nie explizit erlernten Sprache geschrieben ist. Dies stellt keine Schwierigkeit beim Verstehen des Textes dar, sondern beim Erstellen der

Kommentierungen. Beispielweise wurden einige Begriffe sofort verstanden und es stellte sich heraus, dass sie intuitiv aus dem Portugiesischen abgeleitet waren, was in diesem Fall wenig nützlich war, da es einem Italienisch- und/oder Englischsprachigen wenig nützen würde.

5 Zusammenfassung

Zu Beginn dieser Arbeit wurde verdeutlicht, dass die erwünschte Mehrsprachigkeit innerhalb Europas durch herkömmlichen Sprachunterricht nicht in großem Umfang erreicht werden kann. Alternativ dazu wurden Methoden entwickelt, um Teilkompetenzen in mehreren Sprachen parallel zu vermitteln. Diese Methoden gehen davon aus, dass eine Sprache gut beherrscht wird. Darauf aufbauend werden Sprachkenntnisse in nahverwandten Sprachen erworben. Dieses Prinzip läuft konform mit den lerntheoretischen Erkenntnissen. Nach derzeitigem Erkenntnisstand wird Sprachenwissen durch vernetzte Knoten im Gehirn gespeichert, wobei auch Verbindungen zwischen verschiedenen Sprachen und zwischen Wörtern und ihren Bedeutungen bestehen. Neue Informationen müssen zunächst von einem Filter als relevant eingestuft werden, um überhaupt verarbeitet zu werden. Je nach vorhergehenden (Lern-)erfahrungen werden unterschiedliche Informationen als sinnvoll angesehen. Das neue Wissen wird dann mit dem Vorwissen abgeglichen und gegebenenfalls wird die Wissenstruktur erweitert und modifiziert, wobei auch die alte Struktur noch erhalten bleibt. Je häufiger Wissensbestände aktiviert und Verbindungen hergestellt werden, umso stärker wird die neuronale Verbindung und umso problemloser kann das vorhandene Wissen zur Interkomprehension genutzt werden. Der Transfer bei der Interkomprehension kann auf verschiedenen Transferbasen basieren, in verschiedene Richtungen weisen und unterschiedliche Bereiche umfassen. Da die hier betrachtete Interkomprehension auf Texten basiert, sind dabei auch die verschiedenen Ebenen der Verarbeitung beim Lesen relevant. Interkomprehension kann demnach auf graphophonischer und lexikalischer Ebene, aber auch aus dem Kontext heraus stattfinden. Auch die syntaktische Struktur und das Vorwissen sind von Bedeutung, um Texte in nicht erlernten, nahverwandten Sprachen zu verstehen. Beim Verstehensprozess ist denkbar, dass zunächst eine Spontangrammatik entsteht, deren Hypothesen ständig überprüft werden und wenn sie für relevant und richtig befunden werden, ins Langzeitgedächtnis in den Mehrsprachenspeicher aufgenommen werden.

Zudem erweitert sich im Verlauf des Erschließens der didaktische Speicher, welcher der Lernsteuerung dient und der beeinflusst, welche Informationen durch das Relevanzfilter für zukünftiges Lernen als relevant betrachtet und somit wahrgenommen werden. Ein Vorteil des Interkomprehensionsunterrichts besteht darin, dass die Texte an den Interessen des Lerners ausgerichtet sein können und authentisch sind, so dass das Lernen mehr Spaß macht. Der Lerner bestimmt selbst, welche Inhalte gelernt werden, was zusätzlich motiviert. Indem mit einem geringen Schwierigkeitsgrad begonnen wird, erlebt der Lerner von Anfang an viele Erfolgserlebnisse, da er feststellt, dass er sehr viel in der vermeintlich fremden Sprache bereits versteht, ohne viel zusätzliche Arbeit geleistet zu haben. Zusätzlich werden auch die Kenntnisse der bekannten Sprachen aufgefrischt und stärker gespeichert.

EuroCom stellt eine Methode dar, bei der interkomprehensiv gearbeitet wird und deren Erfolg in vielen Untersuchungen bestätigt wurde. Die 7 Siebe sind Hilfestellungen zum Optimierten Erschließen, wobei auch außertextuelle Informationen, Erwartungen des Lesers und Vorwissen einbezogen werden.

Die praktische Transferübung inklusive der Kommentarerstellung stellte eine sehr interessante und komplexe Aufgabe dar. Zum einen konnte getestet werden, inwieweit die EuroCom-Methode hilfreich ist, um einen spanischen Text bei Kenntnis des Italienischen und Englischen zu verstehen. Andererseits musste sich genau überlegt werden, welche Kenntnisse zum Erschließen geführt haben. Da zusätzlich Deutsch-, Französisch- und Portugiesischkenntnisse vorhanden sind, kam es teilweise dazu, dass Wortbedeutungen klar waren, die jedoch anhand der ausgewählten Brückensprachen weniger deutlich waren. Es hat sich gezeigt, dass das Italienische größere Ähnlichkeit mit dem Spanischen hat als das Englische, was nicht verwunderlich ist, da sie der gleichen Sprachgruppe angehören. Trotzdem bietet auch das Englische die Möglichkeit relativ große Teile des Textes zu verstehen. Insgesamt hat das Erschließen gut funktioniert und es konnten allein anhand dieses einen Textes interessante Erkenntnisse über die spanische Sprache und ihre Verbindung zum Englischen und Italienischen gewonnen werden.

Ich bin sehr gespannt auf die Weiterentwicklung im Rahmen der Mehrsprachigkeitsdidaktik und von EuroCom im Speziellen. Bereits jetzt gibt es viele Möglichkeiten neben der Lesekompetenz auch Hörkompetenz in den verschiedenen romanischen Sprachen mit Hilfe von EuroCom zu entwickeln und der Ausbau in Richtung Sprechkompetenz wird einen weiteren großen Schritt darstellen. Da jedoch schon jetzt „Graphien und Ausprache" ein Sieb darstellt, ist der Schritt zur Aussprache nicht mehr ganz so groß und danach wird mit einiger Übung sicherlich auch eine gute Sprechkompetenz erreichbar sein.

Literaturverzeichnis

Bär, Marcus (2004): *Europäische Mehrsprachigkeit durch rezeptive Kompetenzen: Konsequenzen für Sprach- und Bildungspolitik.* Aachen: Shaker Verlag.

Castagne, Eric (2004): „Intercompréhension européenne et plurilinguisme: propositions pour quelques aménagements linguistiques favorisant la communication plurilingue", in: Klein, Horst G./Rutke, Dorothea (Hrsg.): *Neuere Forschungen zur Europäischen Interkomprehension.* Aachen: Shaker Verlag, 95-108.

Doyé, Peter (2001): "Mehrsprachigkeit als Ziel schulischen Sprachunterrichts", in: Edelhoff, Christoph (Hrsg.): *Neue Wege im Fremdsprachenunterricht.* Hannover: Schroedel Verlag.

Edelhoff, Christoph (Hrsg.) (2001): *Neue Wege im Fremdsprachenunterricht.* Hannover: Schroedel Verlag.

Klein, Horst G. (1997): „Das Neldophon: Ist Eurocomprehension machbar?", in: Internet 3.

Klein, Horst G. (1999a): „Interkomprehension in romanischen Sprachen", in: *Grenzgänge. Beiträge zu einer modernen Romanistik.* Heft 12 Europäische Mehrsprachigkeit. Leipzig, 17 - 29.

Klein, Horst G. (1999b): „Von der Interkomprehension zur Eurocomprehension am Beispiel der romanischen Sprachen", in: Kischel, Gerhard/Gothsch, Eva (Hrsg.): *Wege zur Mehrsprachigkeit im Fernstudium*, Hagen [Fernuniversität], 151-160.

Klein, Horst G. (2002): „EuroCom – Rezeptive Mehrsprachigkeit und Neue Medien", in: *Grenzgänge. Beiträge zu einer modernen Romanistik.* 9. Jg., Bd. 17, 46-56.

Klein, Horst G. (2004): „Frequently Asked Questions zur romanischen Interkomprehension", in: Klein, Horst G./Rutke, Dorothea (Hrsg.): *Neuere Forschungen zur Europäischen Interkomprehension.* Aachen: Shaker Verlag, 15-37.

Klein, Horst G. (2006): Proseminar „Analyse des Leseverstehens romanischer Sprachen"

Klein Horst G./Reissner, Christina (2006): *Basismodul Englisch – Englisch als Brückensprache in der romanischen Interkomprehension.* Aachen: Shaker Verlag.

Klein, Horst G./Rutke, Dorothea (Hrsg.) (2004): *Neuere Forschungen zur Europäischen Interkomprehension*. Aachen: Shaker Verlag.

Klein, Horst G./Stegmann, Tilbert D. (2000): *EuroComRom . Die sieben Siebe: Romanische Sprachen sofort lesen können*. Aachen: Shaker Verlag.

Lange, Martin (Hrsg.) (2002): *Europäisches Jahr der Sprachen: Mehrsprachigkeit in Europa*. Regensburg.

Lutjeharms, Madeline (2004): „Verarbeitungsebenen beim Lesen in Fremdsprachen", in: Klein, Horst G./Rutke, Dorothea (Hrsg.): *Neuere Forschungen zur Europäischen Interkomprehension*. Aachen: Shaker Verlag, 67-82.

Mahlmeister, Sabine (2004): „Empirische Untersuchung zum Erfolg des EuroComRom-Kurses", in: Klein, Horst G./Rutke, Dorothea (Hrsg.) (2004): *Neuere Forschungen zur Europäischen Interkomprehension*. Aachen: Shaker Verlag, 155-164.

Meißner, Franz-Joseph (1998): *„Transfer beim Erwerb einer weiteren romanischen Fremdsprache: Das mehrsprachige mentale Lexikon"*, in: Meißner, Franz-Joseph/Reinfried, Marcus (Hrsg.): Mehrsprachigkeitsdidaktik. Konzepte und Erfahrungen mit der romanischen Mehrsprachigkeit im Unterricht (Giessener Beiträge zur Fremdsprachendidaktik). Tübingen: Narr, 45-68.

Meißner, Franz-Joseph (1999): „Das mentale Lexikon aus der Sicht der Mehrsprachigkeitsdidaktik", in: *Grenzgänge. Beiträge zu einer modernen Romanistik.*, Bd. 12, 62-80.

Meißner, Franz-Joseph (2002): „Transfer aus Sicht der Mehrsprachigkeitsdidaktik", in: Lange, Martin (Hrsg.): *Europäisches Jahr der Sprachen: Mehrsprachigkeit in Europa*. Regensburg, 128-164.

Meißner, Franz-Joseph (2004): „Transfer und Transferieren. Anleitung zum Interkomprehensionsunterricht", in: Klein, Horst G./Rutke, Dorothea (Hrsg.): *Neuere Forschungen zur Europäischen Interkomprehension*. Aachen. Shaker Verlag, 39-66.

Müller-Lancé, Johannes/Riehl, Claudia M.(Hrsg.) (2002): *Ein Kopf – viele Sprachen: Koexistenz, Interaktion und Vermittlung*. Aachen: Shaker Verlag.

Müller-Lancé, Johannes (2002): „Tertiärsprachen aus Sicht der Kognitiven Linguistik: Überlegungen zu Fremdsprachenunterricht und Fremdsprachenfolge", in:

Müller-Lancé, Johannes/Riehl, Claudia M.(Hrsg.): *Ein Kopf – viele Sprachen: Koexistenz, Interaktion und Vermittlung.* Aachen: Shaker Verlag.

Reinfried, Marcus (1999): „Innerromanischer Sprachtransfer", in: *Grenzgänge. Beiträge zu einer modernen Romanistik.*, Bd. 12, 96-125.

Reissner, Christina (2004): „Fachsprachen und Interkomprehension", in: Klein, Horst G./Rutke, Dorothea (Hrsg.): *Neuere Forschungen zur Europäischen Interkomprehension.* Aachen. Shaker verlag, 135-154.

Rutke, D./Wegner, K. (2004): „Multimediale Umsetzung von kognitiven Zielsprachenlehrwerken am Beispiel EuroComRom", in: Klein, Horst G./Rutke, Dorothea (Hrsg.): *Neuere Forschungen zur Europäischen Interkomprehension.* Aachen. Shaker Verlag, 179-199.

Internetquellen:

Internet 1: *http://www.reisenzeigen.de/index.html?section=Bilder&art_id=930&med_ id=5585&u,* Stand 18.8.2006.

Internet 2: *http://www.xcaret.com.mx/atracciones/nado-con-delfines.php,* Stand 17.8.2006.

Internet 3: *http://www.Eurocomresearch.net/lit/neldofon.htm,* Stand 20.8.2006.